ISBN 978-0-332-48517-1
PIBN 10496478

This book is a reproduction of an important historical work. Forgotten Books uses
state-of-the-art technology to digitally reconstruct the work, preserving the original format
whilst repairing imperfections present in the aged copy. In rare cases, an imperfection in
the original, such as a blemish or missing page, may be replicated in our edition. We do,
however, repair the vast majority of imperfections successfully; any imperfections that
remain are intentionally left to preserve the state of such historical works.

LE BON
FRANÇOIS,
Ou,
DISCOVRS D'ESTAT,
contre les libelles.

M. DC. XV.

LE BON FRANÇOIS,
contre les libelles.

IVſques à quãd, maudits & malheureux eſcriuains,
irez vous décrians au Roy & aux Eſtrangers la fide-
lité des bons François ? Voſtre rage n'eſt-elle point
encor' aſſouuie, apres auoir deſchiré en mille ſortes
la reputation des miniſtres, pour recompenſe de leurs
veilles au bien de l'Eſtat, & de leur trauail qui aſſeure
voſtre repos ? Et faut-il que foulant aux pieds toutes
loix diuines & humaines, voſtre furie offence deſor-
mais l'innocence du Roy, & la ſageſſe de la Reyne,
en violant le ſacré-ſainct reſpect qui leur eſt deu, vray
lien de la tranquillité publicque ? Eſt-ce donc le
moyen de reformer le Royaume, que de le ietter en
vne ſi horrible confuſion ? Conſerue-on vn edifice
en mettant le feu aux quatre coings & au milieu ?
Mais quelle phreneſie d'apporter ainſi des remedes,
pires que le mal ; de vouloir empeſcher vn malheur
par vn plus grand ; & de perdre la France de peur
qu'elle ne ſe perde ? Voſtre inſolence nourrie par
l'impunité en eſt maintenant venuë iuſques là, que
ceſte grãde Reyne, à la prudence, au courage & bon-
heur de laquelle nous deuons apres Dieu la conſer-
uation de ceſte Monarchie, ne ſçauroit prendre auec
tout le conſeil du Roy ſon fils, aucune reſolution ſi
vtile que vous n'accuſiez d'eſtre dommageable ; ſi
ſaincte que vous ne calomniez d'impieté ! Et tout

cela, pource que la paix & la Iustice regneront par
ses conseils, & que vous ne pensez pas trouuer la seu-
reté de vos crimes priuez, que dedans le desordre pu-
blic : mais si le desespoir ne possedoit entierement, &
les furies n'agitoient vos ames noires d'impieté, ne
deuriez-vous point plustost attendre de la bonté
de leurs Majestés le pardon de vos fautes, que de la
rigueur de leur iustice la punition de vos forfaicts ?
cela estant de la felicité du regne, & particulieremēt
du bon-heur de la conduite de ceste Princesse donnee
du Ciel, que chacun participe aussi bien aux effects
de leur clemence, qu'à ceux de leur liberalité ; ainsi
que le Ciel est commun à tous, que le Soleil esclaire
tout le mōde, & qu'vn mesme air sert à la respiration
de tous les hommes : Leurs Majestés qui ont mieux
aimé espandre auec prodigalité leurs finances, mais
parmy les François, afin de ne respandre le sang de pas
vn François, & de rachepter par argent l'innocence
de ceux que possible le desir de l'argent eust rendus
coulpables, seroient-elles iamais creües n'estre pas
autant enclines à pardonner qu'à donner ? C'est donc
la malice qui vous bande les yeux, esprits vlcerez, si
vous n'esperez vostre part en la grace publique, & si
vous ne vous promettez non seulement le pardon de
leur clemence, mais aussi les faueurs & les bien-faicts
de leur largesse, si en retournant au grād chemin seur
& aisé de l'obeissance legitime vous vous repentez à
bon escient de vostre aueuglement volontaire, &
de la malignité de vos iniustes procedures, le repentir
n'estant iamais tardif quand il est veritable, pour re-
cognoistre auec tous les bons la sincerité de leurs in-
tentions au bien de ceste Couronne, l'equité de leurs
conseils, & la iustice de leurs deportements, qui sont

tous à l'honneur de Dieu, à l'aduancement de la Religion, à la gloire du Royaume, & à la paix generale de la Chrestienté: Qu'est-ce donc, consciences cauterisées, qui empesche vostre resipiscēce, & qui vous faict vomir tant de plaintes, ou plustost tant de calōnies contre la conduicte presente des affaires? Le mariage du Roy vous donne de l'ombrage, ce disent vos plumes enuenimees: Et quoy voudriez-vous qu'il ne se mariast point, le plus grand mal que les ennemis de l'Estat nous pourroient souhaitter: ou bien ceste grande & illustre alliance des deux plus puissantes Couronnes du monde, inspirée du Ciel pour le bien de la terre, vous peut-elle offencer? ô que si vous vouliez vne fois leuer le masque pour recognoistre & aduoüer la verité, on ne recognoistroit que trop que ce n'est nullement aux alliances que vous en voulez, que ce n'est point cest heureux Hymenee qui vous blesse, ains seulement la paix & tranquillité qui en resultent; &, si ie l'ose dire, la manutention de la foy que vous n'auez pas: car autremēt vous ne feriez pas semblant de procurer l'ytilité de l'Estat par le dommage de la Religion: Et comme és derniers troubles on alleguoit le pretexte du spirituel pour ruiner le temporel: maintenant vousne prendriez pas celuy du temporel pour ruiner ensemble & bouleuerser tous les deux. Demades partizan d'Alexandre disoit vn iour aux Atheniens, qui s'opposans à la vanité de ieune Prince, & l'empeschans d'estre receu au nôbre des Dieux, se mettoient en peril d'estre accablez par sa puissance: Gardez qu'en voulant deffendre le Ciel vous ne perdiez la terre. Ceste parole se pourroit retourner contre vous, mais par vn bien plus grand reproche: que vous prissiez garde qu'en nous voulant

iniuſtement perſuader que vous deffendez la terre, ſi
peu de choſe au prix du Ciel, de ne nous faire riſquer
en meſme temps l'vn & l'autre : côme iadis firent les
Iuifs inſenſez, qui poſtpoſans pour la crainte des Ro-
mains, ce qui eſtoit de leur conſcience, à l'intereſt
terreſtre, perdirent, par vn iuſte iugement de Dieu,
l'Eſtat pour l'amour duquel ils auoiét hazardé la Re-
ligiõ. Les aduátages, à la verité, que l'Egliſe reçoit de
ces tres-heureuſes alliãces ſont ſi manifeſtes & ſi eui-
dés, à ceux meſmes qui ne voyét point, que vous ne
les oſeriez improuuer que ſoubs la vaine apparence,
& la fauſſe couleur de quelque conſideration politi-
que: Et ç'eſt pourquoy vous faictes calomnieuſemét
retentir par tout les ſiniſtres augures & preſages dés
maux imaginaires qui pourroiét arriuer, ou dés à pre-
ſent d'vn conſeil d'Eſpagne, amené par noſtre ieune
Reyne, les delices de la terre, ou bien quelque iour
d'vne Regence Eſpagnolle: comme ſi deux ou trois
Eſpagnols eſtoient capables d'arracher à Meſſieurs
les Secretaires d'Eſtat la plume, ou à Monſieur le
Chancelier les ſceaulx; ou comme ſi la Reyne elle
meſme pour le bien commun de la France n'auoit pas
intereſt à la conſeruation de ſon authorité, dont de-
pend noſtre bon-heur. Et quant à l'autre poinct, al-
lez oyſeaux malheureux,& prophetes des tombeaux,
allez aux extremitez du monde, & ſeulement parmy
les ennemis du nom Chreſtien, ou pluſtoſt les demõs
infernaux predire & annoncer les miſeres & les mal-
heurs qui pourroient ſuyure celuy dont la ſimple pé-
ſee eſt criminelle, bien plus la prediction ou le deſir:
Ains pluſtoſt malgré vous noſtre Roy comblé d'an-
nees, de gloire & de fœlicité, n'ira point regner
dans les Cieux, que premierement il n'ait affermy en

terre le throſne & la lignee de ſes ſucceſſeurs, entre les
mains deſquels il fera doucement couler ſon ſceptre
auec toutes les benedictions & les graces que nous
promettent ſa pieté, & toutes ſes autres rares vertus.
Mais quand l'ire de Dieu, & nos pechez cauſeroient
ceſte eſpouuentable infortune : Vous Meſſieurs les
zelés au bien public & au ſeruice du Roy, & qui auès
deſia tant declamé contre ceſte derniere Regence tãt
ſalutaire, & qui ne ſera iamais aſſez loüee, ſouffririez
vous encor ceſte autre, s'il ne le ſembloit ainſi bon à
voſtre fantaſie, qui prend plaiſir à controoler toutes
choſes, & partitulierement les plus ſainctes ? Et ia-
çoit que les exemples du paſſé vous deuſſent faire
bien eſperer de l'aduenir, & entr'autres celuy d'vne
Blanche de Caſtille, mere de celuy dont le Roy eſt
heritier, nõ ſeulement du Royaume & du nom, mais
auſſi du ſang & de la pieté, vous n'en feriez pourtant
lors que ce qu'il en plairoit à voſtre malice, eſtant
bien plus mal-ayſé d'empeſcher l'eſtabliſſement des
choſes, que de les renuerſer lors qu'elles ſont vne fois
eſtablies : Que ſi voſtre foibleſſe & impuiſſãce n'eſtoit
pour l'empeſcher, & que tous les maux que la haine
que vous portez à ceſt Eſtat vous faict ſouhaitter &
prognoſtiquer, en fuſſẽt autãt veritables, qu'ils ne ſõt
rien qu'imaginaires, ou pluſtoſt apertement faux : ils
ne ſeroient nonobſtant tout au plus qu'eſloignez &
incertains; & cependant vous nous les voudriez bien
faire fuir par des miſeres & preſentes & certaines, en
ouurant la porté aux calamitez, & nous precipitant
aux deſolations des guerres ciuiles, fleau le plus fune-
ſte de la vengeance diuine, par le moyen d'vne guerre
eſtrangere, & en attirant en France des armees Eſpa-
gnoles pour n'y auoir voulu ſouffrir vne infante d'Eſ-

pagne auec fon train. Car tout ainfi que tandis qu'vn
corps eft en fanté on n'apperçoit point fes defauts in-
terieurs, mais la moindre maladie ramentoit & def-
couure tout ce qu'il y peut auoir de pourry, rompu,
ou difloqué au dedans; de mefme pēdant qu'vn Eſtat
eſt en paix au dehors, on ne voit pas à la verité fes im-
perfections inteſtines, mais incontinent la plus petite
guerre eſtrāgere remuë & met au iour tous fes maux
cachez. Qu'arriueroit-il donc de la guerre contre vn
Roy d'Eſpagne irrité du refus de fon alliance, apres
qu'elle a eſté fignee par le Roy, la Reyne, les Princes
du fang, autres Princes Officiers de la Couronne, &
principaux Confeillers & Miniſtres de l'Eſtat, &
demandée par les trois Ordres du Royaume conuo-
quez en Eſtats generaux fous l'authorité de leur Prin-
ce legitime? Qui nous pourroit iamais affeurer d'vne
concorde vniuerfelle, parmy tant de diuers deſſeins
& intereſts differends des particuliers? Et qui vou-
droit cautionner Meſſieurs de la Religion pretenduë
reformée de ne fe preualoir lors de la mifere de l'E-
ſtat, & de la neceſſité des affaires, comme ils firent du
regne mefme de Henry le Grand, pendant qu'au fiege
d'Amiens il ioüoit de fon reſte contre l'Eſpagnol, en-
hardis principalement de l'euenement & du fuccez
fauorable de ceſte entreprife, & poſſedans encores à
prefent leurs places de feureté, les penfions de leur
Nobleſſe, l'entretenement de leurs garnifons, & les
appoinctemens de leurs Miniſtres, aduantages & ef-
molumens de s'eſtre feruis de l'occafion, & d'auoir
trauerfé les affaires de leur Maiſtre, au tēps que moins
ils le deuoient: Ce que ie dis non pour les accufer
d'en vouloir à la Royauté, chofe qui ne peut entrer
au cœur d'aucun François, moins au leur, qui y a eſté
fi

ſi particulierement attaché en ces derniers troubles:
mais pour prouuer que ce vaiſſeau, ou ceux qui ſont
dedans, ont des deſirs & des pretentions ſi contraires,
& dont les nautonniers ſe regardent deſia de trauers,
on ne doit pas ſouhaitter que par le dehors il ſoit en-
cores aſſailly de la tẽpeſte: moins encores veux-ie di-
rẽ, qu'ores que l'on approuue d'ordinaire en la police
temporelle, la forme de gouuernement, que l'on eſti-
me la meilleure en l'Eſtat Eccleſiaſtique, qu'ils ſou-
haittent pour cela en ce Royaume le gouuernement
populaire qu'ils ont deſia eſtably en leur Religion,
pas vn d'eux ne le pouuant ſouffrir chez ſoy : quoy
que nous peuſſent faire ſoupçonner ces cercles, & les
exemples de ce qui s'eſt paſſé en Allemagne, en Suyſ-
ſe, en Holande, & à Geneue ; & de fraiſche memoire
le temperament democratique de leur Turquet : &
quelque diminution que nous deuſt faire apprehẽder
à ceſte venerable Monarchie, là caducité des choſes
humaines, la vieilleſſe de l'Empire, le malheur du ſie-
cle, la malice des hommes, & les diuiſions de l'Eſtat:
Ains au contraire, nous deuons croire qu'ils ſe con-
tẽteront de la liberté de leurs cõſciences, & de l'ob-
ſeruation inuiolable, que le Roy leur à tant de fois
promiſe & iurée, de leurs Edicts & priuileges. : Non
plus, que ie ne veux point auſſi douter de la fidelité
des gẽs de guerre: mais puis qu'ẽ matiere d'Eſtat, on a
peu ou point du tout d'eſgard à la volonté, ains ſeule-
ment au pouuoir, & que l'on doit prendre garde non
à celuy qui nuit, mais bien qui peut faire du mal : Ce
ſera touſiours tres-ſagement faict de fuir, de tout no-
ſtre poſſible l'entree d'vne guerre, qui peut rendre les
ſimples Capitaines des places autant de petits Roys
ou pluſtoſt de Tyrans, & les moindres ſoldats autant

B

de Colonels, felon le party où ils fe ietteront : L'au-
thorité du Roy, & celle de la Iuftice ne reluit que de-
dans la paix & le calme: dans la tempefte & le trouble
fa Majefté Royale s'obfcurcit. Et tout ainfi que cer-
taines mauuaifes plantes n'ont autre foing que d'e-
ftendre leurs racines aux defpés de toutes les autres,
& de s'engraiffer de leur famine : De mefme en ce
temps là chacun ne recerche que fon aduantage par-
ticulier, & fa richeffe dedans la perte & la pauureté
publique. Ie ne veux auffi mal augurer ny represen-
ter les perils aufquels s'expoferoient tous les iours les
perfonnes facrees, qui portent toutes nos vies dans la
leur: ains ie me contenteray de dire, que la moindre
paix fans deshonneur, doit toufiours eftre preferee à
la guerre la plus aduantageufe; & qu'il eft bien plus
mal-ayfé de pofer les armes, que nó pas de les prédre;
& qu'il nous feroit facile de nous ietter en vn preci-
pice d'Anarchie, & de confufion vniuerfelle; mais
prefque impoffible de nous en retirer: la cheute feu-
le eftát en noftre puiffance, fi nous nous laiffiós, pour
noftre malheur, perfuader à vos langues ennemies de
noftre repos: mais la deliurance n'en pouuát eftre ef-
perée que de la main puifsáte & miraculeufe de Dieu.
Or d'attirer volontairement & de gayeté de cœur fur
nos teftes des maux, defquels pour nous retirer, il faut
que Dieu face des miracles : ce n'eft refolutió de per-
fonnes fages, ains de gens defefperez & abandonnez
de fens commun, & de la grace diuine. Vos bouches
feditieufes repliquent encor qu'en tous cas il faut
toufiours la guerre, & que les François & les Efpa-
gnols fe veulent trop de mal, pour fe pouuoir bien ac-
corder: ou que fi cela arriuoit par quelque miracle,
il faudroit au moins renoncer aux alliances des pays

bas, & d'vne bonne partie des Proteſtants: mais l'ac-
quiſition de nouuelles alliances, eſt-elle la deſtru-
ction des vieilles, & principalement quand la con-
ſeruation des anciennes, ſert de contrepoids à la dé-
fiance que quelques eſprits pourroient prendre mal à
propos des plus recentes? Iamais certes on ne deuroit
receuoir pour amy perſonne, Tyran iuſques là, que de
vouloir tirer apres ſoy l'eſchelle, comme on dit, & de
ne deſirer eſtre receu en l'amitié d'autruy qu'à condi-
tion que pas vn apres luy n'y ſeroit admis. En outre,
ce n'eſt d'auiourdhuy que nous ſommes amys des Eſ-
pagnols, & que nous auons eſtreint auec eux d'auſſi
forts liens, & des nœuds autant eſtroits d'affection &
de bienueillace que ceux qu'auiourdhuy nous rebutet
ces factieux. Nous auons autresfois eſté plus grands
ennemis des Anglois, de ſorte qu'vn creacier, la cho-
ſe du monde la plus odieuſe aux mauuais debteurs, &
la rencontre duquel ils euiteroient pluſtoſt que celle
d'aucune beſte farouche, eſt encores parmy nous ap-
pellé Anglois. Nous ſommes pourtant à ceſte heure
vtilement alliez & confederez auec eux : Car en ma-
tiere d'Eſtat les amitiez & les haines ne doiuent ny ne
peuuet eſtre immortelles, ains il les faut chager quel-
quesfois ſelon les occurreces des affaires, les deporte-
mens differens, & l'vtilité reciproque des Nations:
Et ſi nous y prenons de plus pres garde, nous trouue-
rons encor, qu'ainſi que les animoſitez des peuples
entr'eux dependent d'ordinaire de leurs dernieres
guerres: quelques François n'ont eſté mal affection-
nez aux Eſpagnols, que depuis qu'ayant eſpouſé les
intereſts de la maiſon de Bourgoigne, ils ont auſſi bie
ſuccedé à ſes inimitiez, qu'à ſes pretentions: Mais en-
tre perſonnes doüees de l'vſage de la raiſon, il faut

despoüiller & se faire quitte tout à faict de ses affe-
ctions basses & populaires, & comme bourgeois du
monde embrasser pour concitoyen tout homme de
mérite, n'ayant autre mesure de son amour ou de sa
haine, entre les particuliers, que la vertu ou le vice:
& entre les Republiques, que l'vtilité ou le domma-
ge, interests les plus puissans, & les obligations les
plus fortes: mais quand mesme céste rancune indigne
de ceux qui se qualifient Chrestiens, seroit encor plus
ancienne & inueterée, elle ne seroit non plus excu-
sable qu'vn criminel, pour estre de long temps coul-
pable: Les choses antiques ne deuant pour cela estre
retenuës, si elles ne sont bonnes : autremēt il faudroit
precieusement conseruer toutes les vieilles taches &
ordures, & retourner au glan & au feine, premiere
nourriture & delices de nos peres: mais le temps, pe-
re de la verité & de toute cognoissance, amende en fin
toutes choses, & nous apprenant ou l'iniustice ou le
dommage de nos passions déreglees, nous les faict sa-
gement changer à nostre aduantage & honeur. Cap-
tiuans donc nos volontez & soubmettans nos iuge-
mens soubs le bon plaisir & la prudence de sa Maie-
sté ne reuestons point d'autre passion que la sienne :
car estant l'ame de l'Estat, il faut necessairemēt qu'il
en ayt soing, ainsi que l'esprit ne peut qu'il n'affectió-
ne son corps : & estant plus sage que nous, il est rai-
sonnable que nostre iugement particulier ploye sous
celuy de son conseil : par le prudent aduis duquel, &
principalement par celuy de la Reyne, chef de tous
ses Conseils, & sa mere (qui pour son affection ma-
ternelle, & pour sa propre grandeur a interest plus
grand que personne à la conseruation du sceptre du
Roy son fils, ne pouuāt esperer ny souhaitter ailleurs

plus releuee dignité, que celle que parmy nous elle
poſſede pour noſtre bon-heur, & dont nous ne re-
mercirõs iamais aſſez dignement le Ciel) par le con-
ſentement des Princes de ſon ſang, Princes & Offi-
ciers de la Couronne, & par les inſtantes prieres &
ſupplications tres-ardentes de tout ſon Royaume aſ-
ſemblé en corps d'Eſtats Generaux: ſa Maieſté a re-
ſolu & iugé expedient de prendre la meilleure, la plus
grande, & la plus illuſtre alliance du monde, pour le
bien de la France, & meſme de toute la Chreſtienté.
Arreſtons nous en là, iugeons pareillement que c'eſt
noſtre bien : & ſi nous ne ſommes capables d'en cõ-
prendre la raiſon, n'en murmurons point pour cela :
car les ſubieéts auſſi bien contre les offences de leur
ſouuerain, non plus que contre les iniures du Ciel,
n'ont point d'autres armes que celles de la patience.
Nous appellons les Roys, images de Dieu, & où ſe-
roit l'image ſans reſſemblance ? C'eſt donc approu-
uer leurs conſeils, encores que nous n'en apperce-
uions, ny les motifs, ny le prompt ſuccés : en la con-
duitte des grands Eſtats, ainſi qu'en celle du monde,
y ayant ſouuent des effeéts lents, mais pourtant cer-
tains & vtils, dont les cauſes nous ſont cachees &
incognuës, & que nous les deuons croire & tenir
quelques deïtez terreſtres & viſibles, prudentes pour
ſçauoir, bonnes pour vouloir, & puiſſantes pour exe-
cuter ce qui nous eſt neceſſaire. En tout cas ceux qui
reſiſtent à leur Prince ſeront touſiours haïs de Dieu
& des hommes: & les conſeils boüillans & temerai-
res, ſont de vray riants de prime face : mais l'execu-
tion en eſt triſte, & l'euenement faſcheux : De ſorte
qu'il faut ſagement preferer l'obeïſſance auec ſeu-
reté, à la reuolte auec dommage, & les choſes cer-

taines & de long temps acquifes, aux chofes nouuel-
les & doubteufes: Quant aux bons & fages François,
& vrais Chreftiens, ils beniront eternellement la me-
moire de cefte grande Reyne, le plus grand prefent
qu'apres Henry le Grand, le Ciel ait en nos iours
faict à la France, qui apres auoir arrefté le cours de
nos mal-heurs, & releué nos efperances abbatuës,
par fon heureufe fecondité, a mefme eftendu fon
foing iufques à vne feconde lignée, pour l'affeurance
& la continuation du repos qu'elle nous a acquis par
fon foing, fa generofité, & le bon-heur de fa condui-
te ; chofe que l'on ne fçauroit ignorer fans aueugle-
ment, ny taire fans ingratitude ; & nous les bons fer-
uiteurs du Roy, & vrays François, nous la remer-
cirons tous les iours de noftre vie, de nous auoir pro-
curé la felicité de ces alliances, à l'aduancement de la
foy & terreur du Croiffant: combien que les mefchás
en grondent & en creuent de defpit: les deliberations
publiques ne pouuant plaire à tous, mais eftant di-
uerfement receües felon la difference des paffions,
& des interefts de ceux à qui elles touchent; tout ainfi
que les caufes naturelles agiffent differemment, fe-
lon la diuerfité des fubjects, car le Soleil amollit la
cire, & durcit la fange : & la rofée du Ciel nourrit les
plantes, mais elle engendre auffi les crapaux. Mais ce
qui nous doit le plus confoler, c'eft qu'il n'appartient
qu'aux hereticques, & aux infideles de hayr & de
blafmer ce qui procure l'affermiffement de la Reli-
gion, & la gloire du nom Chreftien : ny d'empefcher
que le Roy fe marie qu'à ceux à qui fa vie defplaift,
& dont le mariage retarde les efperances maudites.
Poffible que vous repartez que ce n'eft rien que l'al-
liance d'Efpagne qui vous faict enrager, que vous

souhaittez que le Roy s'allie, & promptement, en
quelque autre maison : mais vous trouueriez encor
apres, mille fausses apparences de raison, pour en dif-
ferer, ou rendre du tout impossible l'execution : Tant
il est vray que ce n'est point aux maisons, ny aux Na-
tions que vous en voulez, ains seulement à l'affermis-
sement de nostre repos, qui depend du mariage de sa
Maiesté, & à son heureuse lignee, qui vous osteroit
l'occasion & l'espoir de pescher iamais en eau trou-
ble, & de regner dans le desordre : Quant à moy ie
ne suis point né Espagnol, mais ie ne dois pour cela
deuenir Anglois, & comme bon François ie souhait-
te la grandeur de mon Roy, & le bien de ma patrie:
On voit qu'il est expedient pour la paix de la France
que nous ayons au plustost vn Dauphin qui calme
nos tempestes : Auec quelle impatience, ô bon Dieu,
auons nous attendu cest aage, qui touche desia au but
de nostre desir ! Et qui d'entre nous n'eust volótiers
retranché des annees qu'il auroit à viure, pour les ad-
iouster à celles de sa Majesté, & haster ce bon-heur,
apres lequel tout bon François doibt languir. Or
pour y paruenir, pas vn n'ignore qu'il ne faille vne fil-
le de Roy, & de Roy Chrestien, au Roy tres-Chre-
stien, & fils aisné de l'Eglise : Et que nous n'en pou-
uons chercher de plus grand que le Roy Catholique,
ie ne diray point parmy les Chrestiens, mais en toute
la terre, luy qui ne recognoist point d'autres bornes
de son Empire, que celles du Soleil, ny trouuer vne
race de testes couronnees plus ancienne ailleurs, ny
plus illustre pour vn Roy, qui se pourroit iustement
vanter d'estre de la premiere & meilleure du monde,
si ne luisant, comme il fait, de ses propres vertus, il
auoit besoing de l'Estat & de la gloire de ses ance-

ſtres. Quelle imprudence donc, ou pluſtoſt quelle
impudence & effronterie à quelques ſubiects mal-
conſeillez de n'approuuer, ains de contredire, le glo-
rieux deſſeing de leur Prince, & principalement en
l'eſlection & au choix le plus libre de toutes les reſo-
lutions humaines, & où le plus chetif d'entre-eux en
ſa petite famille ne ſouffriroit en façon quelconque
d'eſtre contredit? & ce pour luy faire violer, & à tout
ſon Eſtat la foy donnee, & le forcer à rompre & briſer
le plus ſainct & plus ſacré lien qu'eſtraigne en terre
la vertu ſecrette du Ciel? Et il ne faut point qu'ils
flattent ou pallient leurs murmures contre la ſage
volonté de leur Souuerain, par quelque apparence de
conſeil pacifique, diſant que ce ſeroit allarmer ceux
de la Religion pretéduë reformee, & poſſible en leur
faiſant prendre les armes, nous remettre dans la con-
fuſion, le trouble, le meurtre, le ſang, & le carnage
plus que iamais; mais l'expetiéce du paſſé, & les mal-
heurs de nos derniéres guerres ciuiles, dont la playe
eſt toute recente & ſaigne encores, ne nous ont que
trop ſuffiſamment enſeigné que Dieu eſt le ſeul Roy
des eſprits, & que la Religion ne ſe plante point dans
les cœurs par les armes; elle veut eſtre perſuadée, &
non pas cómandée; Et la vraye doctrine ne ſe pouuát
bien preſcher que dás la paix, raiſon pour laquelle N.
S. l'a fit par tout le móde à ſa naiſſance: nó plus que la
guerre n'a faict ces iours cy qu'aduancer le regne, ou
pluſtoſt le deſordre de l'Hereſie; De ſorte que c'eſt
vne maxime arreſtée parmy les conducteurs de ceſt
Eſtat (& que perſonne n'apprehéde, ou pluſtoſt n'en
face le ſemblant à mauuais deſſeing) d'auoir deſor-
mais recours aux Docteurs, non aux eſpées; au S. Eſ-
prit, non à la force: à vne bonne & charitable con-
uerſation

uerſation, & non à vne mutuelle deſtruction : leurs
Majeſtez d'ailleurs par vn excez de charité & de zele,
inuitant doucement les deuoyez à leur propre bien,
meſme par gratification & recompenſes, & joignant
deux choſes és autres regnes fort diſſemblables, lé ſa-
lut des ames, & l'aduencement en la Cour, l'honneur
du monde, & la bonne conſcience. Et puis ceſte il-
luſtre alliance inſpirée de Dieu, & procurée des hom-
mes les plus ſages, pour le bien de la Chreſtienté, & la
ruyne des meſcreans, n'eſt en nulle ſorte pour cauſer
vn mal dans nos propres entrailles, ny pour verſer en
aucune façon le ſang des Chreſtiens, de quelque Re-
ligion qu'ils puiſſent eſtre : mais vous autres eſprits
inquietes, ſans repos pour vous, & qui troublez ce-
luy des autres, Conſeillers ſans gaigés, & qui vous
ingerez en tous affaires, ſans y eſtre appellez : Vous
vous imaginez des troubles en l'Eſtat, de la part dont
procedera ſa tranquilité, ou pource que vous en eſtes
tous remplis vous meſmes, ainſi qu'à ceux qui ont la
iauniſſe, ou le tournoyement de teſte, toutes choſes
ſemblent iaunes, ou tourner : ou pource que vous le
ſouhaittez ainſi par voſtre meſchanceté, & pour baſtir
vos fortunes particulieres des ruynes du public : Eſta-
bliſſez premierement la paix en vos ames, & nous
croirós apres que vous la cheriſſez dans le Royaume.
Et reſſemblans à ces malheureux Troyens, qui com-
batirent ſi long temps, & ſouffrirent tant de maux
pour Helene, qui n'eſtoit pourtant, comme ils pen-
ſoyent, dans leurs murailles, ains ſauuée en Egypte :
Ne vous trauaillez plus tant pour la concorde des au-
tres, ne la logeant chez vous, ains eſtans tout pleins
vous meſme de diſcorde & de tumulte, qui vous faict
menaſſer autruy du mal qui vous tourmente : faute de

C

confiderer que les fages & prudents Miniftres de ceſt
Empire, perſonnes vieillies dans les affaires, & por-
tées à tous conſeils pacifiques, & particulierement ce
grand chef de la Iuſtice, & du Conſeil du Roy,fous
la Reyne ſa mere, rare ornement de noſtre ſiecle, &
l'exemple ſingulier de tout ce que la nature, l'art,
& l'experience peuuent conferer d'excellent à la
perfection des grands hommes, ſe garderont bien
de degenerer d'eux meſmes, & de leur condui-
te paſſée, pour rien innouer à l'aduenir, ny alte-
rer le repos de ceſte grande Monarchie : Et com-
me vn bon pere ne hayt pas ſon enfant, pour le
voir malade, ains l'en plainct ſeulement, & ſon
amour pluſtoſt s'en redouble par la compaſſion : Sa
Maieſté pareillement croyant leurs bons aduis & cô-
ſeils ſalutaires, cherira & recognoiſtra pour ſes ſub-
iects naturels & legitimes, tous les François de la Re-
ligion pretenduë reformee, viuans ſous ſon obeyſſan-
ce, ayant ſeulement pitié & commiſeration de leurs
eſprits, mais en laiſſant le ſoing & la gueriſon à Dieu
ſeul, & aux conferences douces & amiables. Que ſi
comme les choſes humaines reçoiuent & ſouffrent
differentes interpretations, quelques vns d'entr'eux,
conceuoient de ceſte alliance quelque ombrage mal à
propos, ſa Majeſté ne laiſſera pourtant de procurer
leur bien, encores que contre leur ſouhait, & d'affer-
mir leur repos particulier dans la tranquillité publi-
que, qui reſulte de ſon deſſein, ores que contre leur
opinion,aſſeuree que l'euenement fera clairement pa-
roiſtre,auec la grace de Dieu, la ſincerité de ſon inté-
tion, & la prudence de ſon conſeil : celuy qui ayme
veritablement ayant plus d'eſgard à l'vtilité, qu'au de-
ſir de ceux qu'il ayme : Et ne tenant comme point de

conte de leur confentement, ou de leur gré: pourueu
qu'il procure leur profit & aduantage : Et courageux
& fage eft le Prince, qui mefprifant les vaines appre-
henfions, & importunes crieries de quelques vns de
fes fubiects, leur faict achepter leur felicité propre,
aux defpens de quelque petit mefcontentement pre-
fent, mais qui s'en acquiert toft apres d'eux mefmes
mille graces & mille remerciemens, & enuers la po-
fterité vne loüange & vne gloire immortelle. Vn
bon Roy ne deuant iamais par le defir d'vn honneur,
ny par la crainte d'vn blafme imaginaire, faire rien au
dommage, ou manquer à l'vtilité de fon peuple ; ains
fe gouuerner en toutes chofes felon la raifon, nõ felon
l'opinion : les murmures & contradictions des vns ne
le deftournant de bien faire, ny les prieres & femõces
des autres ne l'y conuiant d'auantage, non plus que le
Soleil ne retarde ou n'aduance fon leuer & fa lumiere,
pour la crainte qu'en ont les mefchãs, ou les fouhaits
des bons : mais nous autres mieux confeillez où trou-
uerons-nous iamais affez de loüanges, & comment
pourrons-nous rendre affez d'actions de graces à fa
Maiefté du bon-heur & de la profperité qu'elle pro-
cure tout enfemble à la Religiõ & à l'Eftat? En quoy,
ô vrays Chreftiens & amateurs du repos de noftre Pa-
trie, nous auons à grandement admirer la bonté & la
fageffe diuine, qui ainfi qu'en toutes autres chofes elle
a toufiours ioinct & vny noftre vtilité & noftre falut,
à fon honneur propre, & à fa gloire ; femblablement
icy elle a tres-biẽ meflé & confondu les cõfiderations
de la terre auec celles du Ciel, & l'aduantage du tem-
porel accõpagne heureufement celuy du fpirituel.
Et vous, ô fideles & prudents Confeillers d'vn fi grãd
Monarque, n'auez vous pas efté pluftoft illuminez

d'vne inspiration diuine, que guidez d'vne prudence
humaine, à ceste haute & glorieuse entreprise! Vous
particulierement le plus vieil & le premier homme
d'Estat du monde, grand ministre de quatre Roys,
autant admirable en mesprisant les hõneurs qu'en les
meritant, & qui constitué en charges & functions pu-
bliques, où il falloit necessairement obeyr & s'accom-
moder aux occasions, & ceder à la diuersité des inte-
rests & des humeurs de chacun, & estre en vn mot es-
claue du temps & des affaires, n'auez pourtant rien eu
iamais en vostre ame de seruile, ny qui flechist en fa-
çon quelconque sous les passions; n'auez-vous pas icy
manifestemēt tesmoigné le soing que vous auez tous-
iours eu de la paix du mõde, tout au moins de la Chre-
stienté, & particulierement de la France, qui apres
Dieu, ses Roys, & ceste grande Reyne, vous doit tout
son bon-heur, & sa gloire. Les vrays Chrestiens, &
les sages François, dés à present vous en donnēt mil-
le loüanges, & vn iour la posterité, qui en iugera sans
animosité & sans enuie, vous en rendra mille graces;
mais qu'elle recognoistra tousiours inferieure à vo-
stre merite, & à vn si grand bien-faict. Continuez
donc courageusement d'assister & de fortifier leurs
Maiestez de vos bons, sages, & fideles conseils, &
principalement ne vous lassez iamais de haster & d'ac-
celerer ceste vnion des deux plus grandes puissances
de la Chrestienté, qui ne se peut differer, ny retarder le
moins du monde, sans nostre honte & dommage; &
dont la seule esperance nous a desia donné cinq an-
nees de paix, & la vient fraischement de faire en Ita-
lie. Mais n'entends-ie pas encores ces faiseurs de li-
belles ramasser tous les deffauts ou veritables ou ima-
ginaires de cest Estat, pour descouurir aux yeux de

tous les Eſtrangers les playes ſecrettes qu'ils penſent
eſtre en leur Patrie,& reueler la turpitude &la vergoi-
gne de leur Mere?ſi tant eſt,pourtant,que la Frãce ad-
uoüe iamais des enfans ſi effrõtez,ingrats, & deſnatu-
rez, ou pluſtoſt des ſangſuës n'attirant des corps que
le mauuais ſang, des areignes qui ne tirent des plantes
que le venin, & des vautours qui n'ont ſentiment que
pour les charõgnes: Et ſe prenant à ce qu'ils ayment
le mieux,ils accuſet entreautres choſes la diſſipation
des finances, que le Roy a eſté contraint de prodi-
guer, afin d'eſpargner le ſang: & ce neantmoins par-
my ſes ſubjeͨts, & dans la mer de ſa France,dont par
ſucceſſion de temps, il les tire cõme ſon Soleil, pour
apres les reſpandre, & verſer abondamment tout de
nouueau :ainſi que le repreſenta ſi eloquemment dãs
le conſeil du Roy, & en la preſence du Parlement,ce
perſonnage grand en ſçauoir, en iugement, en expe-
rience, en courage, & en integrité, dont les mains
continentes en ont pour le bien de la France l'admi-
niſtration. Auſſi ne loüera-on iamais aſſez les Prin-
ces prodigues d'argẽt, pour eſtre trop auares du ſang:
Et la liberalité qui procede de la clemence, doit eſtre
eſtimée de tous, encores que peu y participent: car
ainſi que l'art de la medecine n'eſt recerché que des
malades, mais qu'il eſt neantmoins honoré des per-
ſonnes ſainͨtes;il n'y a pareillemẽt queles coulpables
qui reclament la clemence, mais pourtant les gens
de bien la reuerent. Mais quélle meſchanceté, &
quelle effronterie eſt-ce là de nous aller reprochant
les deſordres que vous meſme vous cauſez? car ſi la
bonté de la Reyne eſt empeſchée à reparer les breſ-
ches qu'elle n'a point faiͨtes, qui en eſt la cauſe, que
les mauuaiſes humeurs& la rage qui vous agite & vos

C iij

femblables? Si voftre licence n'eftoit fans pudeur &
fans frein, & fi la frenefie n'auoit rauagé dans vos
cœurs rebelles toute obeyffance & tout refpect, nous
ne verrions pas au tref-grand regret de tous les gens
de bien, regner l'impunité des crimes, le Roy ne fe-
roit pas contraint d'achepter à beaux deniers cōptans
la fidelité de quelques vns de fes propres fubjects. Si
nonobftāt il luy plaift d'vfer de liberalité enuers plu-
fieurs, pour n'auoir befoing de clemence enuers peu:
pourquoy ne l'en remerciez-vous, au lieu de vous en
pleindre; & pourquoy ne l'en loüez-vous, au lieu de
l'accufer: car remedier aux maux aduenus, eft fans
doubte vne grande loüange: mais c'en eft vne bien
plus grande d'empefcher qu'ils n'arriuent : Et fi c'eft
au Prince vne rare vertu de remettre les fautes com-
mifes, ce luy en eft vne beaucoup plus excellente de
faire en forte qu'elles ne fe commettent : pardonner
à quelques coulpables, n'eftant pas tant les obliger,
que de donner ordre qu'ils ne le deuiennent: Et c'eft
chofe de vray tres-heureufe à vn Souuerain de trou-
uer à fon aduenemēt tous fes fubjects bien obeyffans:
mais ce luy en eft vne tres-glorieufe, & digne de dou-
ble loüange de rēdre bons ce qu'il en trouue de mau-
uais, ou de bons pouruoir qu'ils ne deuiennent mef-
chans : & ce fans effufion de fang; ains feulement par
la profufion vtile de quelques millions de liures, pour
ramener les vns en leur deuoir, & y affeurer les au-
tres: Non pour cela que ie veuille dire, que fi pour
nos pechez ce mal continuoit, fa Majefté fuft touf-
jours confeillée d'en vfer ainfi, lors qu'elle iugeroit
plus à propos de corriger par les peines, ceux que les
bien-faicts n'auroyent peu amender : & principale-
ment enuers vous, pernicieux efcriuains, & flambeaux

de sedition : ô qu'il y a long temps que la punition de quelques vns d'entre vous, deust estre la terreur & le frein de tous les autres ! ô qu'vn ancien auoit bonne raison, de dire que l'Estat estoit plus à pleindre où tout estoit permis, que celuy auquel rien n'estoit loisible? la clemence deuenant inhumaine, quand par l'impunité de certains particuliers, on en rend plusieurs coulpables, & y ayant plus de cruauté de pardonner à tous, qu'à personne. Il n'y a pas vn d'ailleurs si ignorant qui ne sçache, ou si malicieux qui n'aduoüe que les charges de l'Estat ne soyent de beaucoup accreuës, pour le nombre & la grandeur des pensiôs, & des dons necessaires pour le temps, & que le fonds en fust grandement diminué, tant de la remise de quatorze cens mille liures par an sur le sel, que de la suppression tout en vn coup de quarante Edicts qui le grossissoyét, sans mille diminutions & rabais qu'il a fallu faire, pour la misere presente, des fermes aux partisans, & des impositions au peuple : Si donc en attendant que sa Majesté ait dissipé les nuages presens, & restably cest Empire en sa premiere felicité & splendeur, elle a iugé expedient pour empescher les maux que les meschans s'attendoyent de faire, & les bons de souffrir, de tirer quelque argent de la Bastille, puis que l'on ne le pouuoit d'ailleurs sans vexation du peuple; l'accuserez-vous pour desgouster les autres de son gouuernement, & leur faire secoüer l'heureux ioug de son obeyssance, de ce qu'elle achepte vostre repos, & vous acquiert par la perte du sien, & l'ouuerture de ses thresors, ceste paix qui vous donne le loisir & la hardiesse d'escrire, ou pluftost de calomnier ? Vous attaquez aussi la venalité des offices, & le restablissement, ou pluftost la con-

tinuation pour quelques années, puis qu'il ne se pou-
uoit faire autrement, du droiƈt annuel, comme vn
grand abus, difant que les riches feront preferez aux
pauures; mais aussi en feront-ils plus mal-aifez à cor-
rompre : Et la fragilité maintenant des chofes hu-
maines eftant telle, qu'il n'y euft iamais guere
d'Eftats, & particulierement Monarchiques, où les
offices ne fuflent venaux, vaudroit-il mieux tomber
és mains des fauoris qu'en celles des partizans ? Et
le mal y eftant defia tout eftably, eft-il pas raifonna-
ble que le Prince, c'eft à dire le public, en tire, s'il eft
possible, quelque emolument & aduantage: attendu
principalement, que l'eflection & le choix, luy en de-
meure toufiours libre & entier ? Et puis à quoy bon
de reprendre & d'arguer ce que le Roy defire plus re-
former que pas vn, fi ce n'eft que vous accufez ainfi
toutes chofes, non pour amender, ains feulemēt pour
décrier fon gouuernement ? auquel pourtant, à le cō-
fiderer de pres, rien ne femblera digne de reprehen-
fion, mefme aux plus fages & aduifez, fi ce n'eft par-
aduenture la fouffrance & l'impunité de vos efcrits
feditieux & trompettes de rebellion ; car lors que par
la corruption, qui par laps de temps fe glifle ordinai-
rement parmy les chofes les mieux eftablies, certains
maux fe trouuent tellement authorifez par la vieillef-
fe de leur erreur, que l'on ne les peut defraciner fans
efbranfler la machine vniuerfelle, non plus que l'on
ne peut fans peril de ruine arracher ces figuiers creus
& enlaflez dans les vieilles murailles des temples; c'eft
toufiours beaucoup faire de ne les point accroiftre &
fortifier, mais encores plus d'en tirer quelque vtilité
d'argent, fouftien de la guerre & ornement de la paix,
puis qu'aussi bien il eft force de les tolerer. Tant s'en
faut

faut donc que vos plaintes & blafmes ſoyent iuſtes,
que vous deuriez pluſtoſt loüer de prudence de ne
vouloir reformer vn deſordre particulier par vne dif-
formation generale, que non pas d'accuſer d'iniuſti-
ce la ſouffrance d'vn mal qui s'empireroit, & ſe ren-
gregeroit infailliblement par ſon remede. Vous vous
pleignez encor de l'inobſeruation des loix, & parti-
culierement de leur nombre, & de la multitude &
abus des Iuriſdictions, marque certaine de nos mau-
uaiſes mœurs; comme la quantité des Medecins de-
note celle des maladies : Mais eſt-ce le moyen d'af-
fermir l'authorité des loix, que de deſtruire, par vos
libelles, celle du Souuerain, qui leur donne la vie?
que de rëuerſer le reſpect du Prince, qui aſſeure leur
credit? & de nous ietter par vos malheureux artifi-
ces és diuiſions & guerres, qui oppriment & ſuffo-
quent leur vigueur & leur force? leur voix, ſelon
Marius, ne pouuant pas meſme eſtre entendüe par-
my le bruict des armes? En fin, tous les deſordres &
les maux que leurs Majeſtez n'ont point faicts, ains
ſeulement trouuez, & apres la reformation deſquels
ils ſouſpirent, & trauaillent ſans ceſſe & ſans relaſche,
ces meſchans les vont rechercher & ramaſſer, bien
marris qu'ils ne ſont encores plus grands; & les exag-
gerent, non pour les corriger, ains pour les augmen-
ter, en rendant odieux par leurs calomnies, le gouuer-
nement, & la conduite des affaires : & nous precipi-
tans, à leur poſſible, dans les malheurs des ſeditions
populaires, pires qu'vn gouuernement tyrannique.
Vous enragez, bouches meſdiſantes, de la deſcou-
uerture de vos damnables deſſeins & maudites en-
trepriſes; parce que les deſcouurir ſeulement, & les
monſtrer au doigt, c'eſt les vaincre, & les empeſ-

D

cher: & vous crieriez encores volontiers contre la
liberté de les reprendre , comme s'il n'eſtoit permis
que d'accuſer, & non de deffendre, que de dire des
menſonges , & nõ iamais la verité : mais l'ardeur meſ-
me de voſtre paſſion deſreglée, & le meſchant artifice
de vos diſcours factieux , nous aduertit & nous ſemõd
de noſtre propre deuoir, n'eſtant pas raiſonnable qu'à
noſtre veu & à noſtre ſçeu, vous ayez plus de paſſion
& de ſoin à deſtruire l'Eſtat, que nous à l'aſſeurer ; à
combattre pour la meſchanceté, que nous à deffen-
dre l'innocence ; ny plus d'animoſité à authoriſer la
rebellion, que nous de courage à ſouſtenir l'authorité
legitime. Et comment, la France iadis loüée pour
n'auoir point de Monſtres, pourroit-elle voir ceux-
cy ſans les eſtouffer à leur naiſſance ? Ains pluſtoſt le
glaiue de ces langues perçantes, ne ſera-il iamais re-
primé par le glaiue de la Iuſtice ? Faudroit-il donc que
parmy les loix, vn tel meſpris des loix demeuraſt im-
puny ? & qu'il fuſt dict que nous tinſſions pour in-
nocents , ceux qui s'efforcent nuict & iour de nous
rendre tous coulpables ? Ayants l'heur. & l'honneur
de viure ſous la Royauté, la meilleure, la plus naturel-
le, & la plus ancienne forme de gouuernemẽt, endure-
rons-nous ceux qui en ſappent les fondements , & en
veulent au Roy? Atys fils de Cræſus muet auparauãt,
parla fort bien , quand il fuſt queſtion de ſecourir le
Roy ſon pere , la nature faiſant pluſtoſt des miracles,
que de manquer iamais à ce qu'elle doit : Et nous qui
ſommes doüez de voix, pourrions-nous bien deuenir
muets , quand on attaque celuy qui comprend en ſa
dignité tous les autres deuoirs, le Pere commun de la
Patrie, qui aſſeure tout enſemble nos peres & nos en-
fans, & lequel ne point deffendre c'eſt l'offencer &

foy-mefme? C'eſt vous, SIRE, à qui on ſe prend:
C'eſt voſtreMajeſté qui eſt aſſaillie par ces meſchans,
que ie quitte deſormais, pour luy addreſſer mon pro-
pos auec ſa permiſſion, la ſuppliant très-humblemēt
d'imitèr Dieu, dont elle eſt l'image, qui nonobſtant
les murmures & les ingratitudes des hommes, ne laiſ-
ſe de faire pleuuoir pour les iniuſtes, & luire ſon So-
leil ſur les meſchans , & leur départ mille graces, deſ-
quelles meſme auant que de les leur eſlargir, il ſçait
qu'ils ſe preuandront pour le mieux outrager; & de
ne ſe point laſſer, aſſiſtée des bons & ſages Conſeils de
la Reyne ſa mere, de conduire heureuſement ceſt
Eſtat malgré nos meſcognoiſſances ; & de procurer
noſtre bien, ſinon pour l'amour des déportements de
quelques vns d'entre nous, au moins à cauſe de ſa
bonté, faiſant à la verité découler ſes faueurs & ſes
bien-faiçts plus abondamment ſur ceux qui s'en ren-
dront dignes, mais ne les déniant pas tout à faiçt aux
indignes, & comme vn pere enuers ſes enfans, careſ-
ſant ſeulement les bons, mais ayant ſoin neantmoins
de tous.

F I N.

CPSIA information can be obtained
at www.ICGtesting.com
Printed in the USA
BVHW081512061118
532319BV00013B/1975/P

9 780332 485171